AF554824

1 .

F Pollij ex. cum pri. Re. a l'image S.t benoist

L'Entrée du Ch

…eau de Versailles.

Perelle del. et sculp.

LA PRINCESSE D'ELIDE,

Comedie heroïque meſlée de Muſique, & d'Entrée de Ballet.

A PARIS,
Par ROBERT BALLARD, ſeul Imprimeur du Roy pour la Muſique.

M. DC. LXIX.
AVEC PRIVILEGE DV ROY.

LA PRINCESSE D'ELIDE,

Comedie heroïque meslée de Musique, & d'Entrée de Ballet.

PREMIERE INTERMEDE.

L'Ouverture se fait par vn grand Concert d'Instruments.

RECIT DE L'AVRORE, par Mad le Hylaire, qui chante

QVand l'Amour à vos yeux offre vn choix agreable,
Ieunes beautez, laissez-vous enflamer:
Mocquez vous d'affecter cét orgueil indomptable
Dont on vous dit qu'il est beau de s'armer:
Dans l'âge où l'on est aymable
Rien n'est si beau que d'aymer.

Soûpirez librement pour vn amant fidelle,
Et brauez ceux qui voudroient vous blasmer;
Vn cœur tendre est aymable, & le nom de cruelle
N'est pas vn nom à se faire estimer:
Dans le temps où l'on est belle
Rien n'est si beau que d'aymer.

Autre Recit Burlesque de Lyciscas, & de trois Valets de Chien, chantans.

Lyciscas. M. De Moliere. *Valets de Chien, chantans.* Messieurs d'Estiual, Don, & Blondel.

CEs trois Valets de Chien, Musiciens, couchez au milieu du Theatre, se réveillent, & pour réveiller aussi Lyciscas leur camarade, chantent les paroles suivantes.

Hola? hola? debout, debout, debout:
Pour la Chasse ordonnée, il faut preparer tout:
Hola? ho debout, viste debout.

Ier.

Iusqu'aux plus sombres lieux le jour se communique,

IIme.

L'air sur les fleurs en perles se resout.

IIIme.

Les Rossignols commencent leur Musique,

Et leurs petits concerts retentissent par tout.

TOVS ENSEMBLE.

Sus, sus debout, viste debout?

Qu'est-cecy, Liciscas, quoy? tu romfles encore,

Toy qui promettois tant de deuancer l'Aurore?

Parlant à Lyciscas, qui dormoit.

Allons debout, viste debout,

Pour la Chasse ordonnée il faut preparer tout,

Debout, viste debout, despeschons, debout.

LYCISCAS en s'eueillant.

Par la morbleu vous estes de grands braillars, vous autres, & vous auez la gueule ouuerte de bon matin?

MVSICIENS.

Ne vois-tu pas le jour qui se respand par tout?

Allons debout, Lyciscas debout.

LYCISCAS.

Hé! laissez-moy dormir encor vn peu, je vous conjure?

MVSICIENS.

Non, non debout, Lyciscas debout.

LYCISCAS.

Ie ne vous demande plus qu'vn petit quart d'heure?

MVSICIENS.

Point, point debout, viste debout.

LYCISCAS.

Hé! je vous prie?

MVSICIENS.

Debout.

LYCISCAS.

Vn moment.

MVSICIENS.

Debout.

LYCISCAS.

De grace.

MVSICIENS.

Debout.

LYCISCAS.

Eh.

MVSICIENS.

Debout.

LYCISCAS.

Ie....

MVSICIENS.

Debout.

LYCISCAS.

I'auray fait incontinent.

MVSICIENS.

Non, non debout Lyciſcas debout:
Pour la Chaſſe ordonnée il faut preparer tout;
Viſte debout, deſpeſchons, debout.

LYCISCAS.

Et bien laiſſez-moy, ie vais me leuer : Vous eſtes d'eſtranges gens de me tourmenter comme cela: Vous

Vous serez cause que je ne me porteray pas bien de toute la journée ; car, voyez-vous, le sommeil est necessaire à l'homme, & lors qu'on ne dort pas sa refection, il arriue... que... on est...

Ier.

Lyciscas.

IIme.

Lyciscas.

IIIme.

Lyciscas.

TOVS ENSEMBLE.

Lyciscas.

LYCISCAS.

Diable soit les brailleurs, je voudrois que vous eussiez la gueule pleine de bouillie bien chaude.

MVSICIENS.

Debout, debout viste debout, despeschons debout.

LYCISCAS.

Ah! qu'elle fatigue de ne pas dormir son sou.

Ier.

Hola? oh.

IIme.

Hola? oh.

IIIme.

Hola? oh.

TOVS ENSEMBLE.

Oh! ho! ho! ho! ho.

LYCISCAS.

Oh! ho! ho! ho ¡ ho. La peste soit des gens auec leurs chiens de hurlemens, je me donne au Diable si je ne vous assomme. Mais voyez vn peu quel diable d'entousiasme il leur prend, de me venir chanter aux oreilles comme cela, je....

MVSICIENS.

Debout.

LYCISCAS.

Encore.

MVSICIENS.

Debout.

LYCISCAS.

Le Diable vous emporte.

MVSICIENS.

Debout.

LYCISCAS en se levant.

Quoy toûjours? a-t'on jamais veu vne pareille furie de chanter? par le sang bleu j'enrage, puis que me voila esueillé il faut que j'eueille les autres, & que je les tourmente comme on ma fait. Allons ho? Meßieurs, debout, debout, viste c'est trop dormir. Ie vais faire vn bruit de Diable par tout, debout debout, debout; Allons viste, ho, ho, ho? Debout, debout, pour la Chasse ordonnée il faut preparer tout, debout, debout, Lyciscas debout? ho! ho! ho! ho! ho.

Lyciſcas s'eſtant réveillé, avec toutes les peines du monde, va crier aux oreilles de huit autres Valets endormis, qui dançent vne Entrée, pendant que quatre Piqueurs ſonnent du Cor.

Valets de Chien, dançans.

Meſſieurs Beauchamp, S. André, Chicanneau, Fauier, Peſan, L'eſtang, Ioubert, & Noblet.

Les quatre Piqueurs. Mayeu, Michelin, Mathias, & Laquaiſſe.

LE PREMIER ACTE de la Comedie.

II. INTERMEDE.

MOron demeurant pour s'entretenir auec les Arbres, & les Rochers, & ſe joüant auec l'Echo, eſt interrompu par vn Ours qui le pourſuit ; & s'en eſtant deliuré, trouue quatre Valets de Feſtes qui dançent, & tandis quil les regarde, il ſort quatre jouëurs de Fluſtes qui le veulent obliger à tenir leur papier de Muſique.

Valets de Feſtes, Meſſieurs de Beauchamp, S. André, La Pierre, & Fauier.

Fluſtes, Les Sieurs Deſcouſteaux, Philebert, Martin Hottere, & Varin.

LE DEVXIESME ACTE De la Comedie.

III. INTERMEDE.

MOron veut obliger Philis, qu'il ayme, à demeurer avec luy. Elle n'y veut point demeurer qu'à condition qu'il ne dira mot, ce qu'il qu'il obſerve vn peu de temps ; mais comme il veut rompre ſon ſilence, Elle s'enfuit, & l'oblige, pour aprendre à chanter, d'aller trouver vn Satyre muſicien qui luy chante ſes deux chanſons.

Monſieur D'Eſtiual. *Satyre.*

IE portois dans vne cage
Deux moyneaux que j'auois pris ;
Lors que la jeune Cloris
Fit dans vn ſombre boccage
Briller, à mes yeux ſurpris,
Les fleurs de ſon beau viſage :
Helas ! dis-je aux moyneaux, en receuant les coups
De ſes yeux ſi ſçauans à faire des conqueſtes,
Conſolez-vous, pauures petites beſtes,
Celuy qui vous a pris eſt bien plus pris que vous.

DAns vos chants ſi doux,
Chantez à ma belle,
Oyſeaux, chantez tous
Ma peine mortelle :
Mais ſi la cruelle
Se met en courroux
Au recit fidelle
Des maux que je ſens pour elle ;
Oyſeaux, taiſez-vous.
Oyſeaux, taiſez-vous.

Moron & le Satyre se querellent en suite; mais leur combat est interrompu par quatre Luteurs, amis du Satyre.

Luteurs. Messieurs Beauchamp, S. André, Mayeu, & Pesan.

LE TROISIESME ACTE de la Comedie.

IV. INTERMEDE.

PHilis louë la voix de Tircis son Amant, ce qui l'oblige à luy chanter ses paroles.

Monsieur Blondel. *Tircis.*

TV m'escoutes, helas! dans ma triste langueur;
Mais je n'en suis pas mieux, ô! beauté sans pareille!
Et je touche ton oreille.
Sans que je touche ton cœur.

Moron les vient surprendre, mais Philis, luy impose silence pour escouter cette chanson du berger Tirsis.

ARbres espais, & vous prez esmaillez,
La beauté dont l'Hyuer vous auoit despouillez
Par le Printemps vous est renduë,
Vous reprenez tous vos appas;

Mais mon ame ne reprend pas
La joye, helas! que i'ay perduë.

Moron ſolicité par l'exemple, ſe hazarde à chanter cette chanſon qu'il a faite pour Philis.

TOn extréme rigueur
S'acharne ſur mon cœur,
Ah! Philis je treſpaſſe!
Daignes me ſecourir?
En ſeras-tu plus graſſe
De m'auoir fait mourir?

LE QVATRIESME ACTE de la Comedie.

V. INTERMEDE.

LA Princeſſe pour chaſſer ſon inquietude, oblige vne Bergere à luy chanter cette plainte.

Mademoiſelle Hylaire. *Bergere.*

AH! mortelles douleurs!
Qu'ay-je plus à pretendre?
Coulez, coulez mes pleurs,
Ie n'en puis trop répandre.

Pourquoy faut-il qu'vn tyrannique honneur
Tienne noſtre ame en eſclaue aſſeruie?

Helas! pour contenter ſa barbare rigueur
I'ay reduit mon Amant à ſortir de la vie.
Ah! mortelles douleurs!
Qu'ay-je plus à pretendre?
Coulez, coulez, mes pleurs,
Ie n'en puis trop répandre.

Me puis-je pardonner dans ce funeſte ſort
Les ſeueres froideurs dont je m'eſtois armée?
Quoy donc, mon cher amant, je t'ay donné la mort,
Eſt-ce le prix, helas! de m'auoir tant aymée?
Ah! mortelles douleurs. &c.

LE CINQVIESME ACTE
de la Comedie.
VI. INTERMEDE.

TOus les Bergers & toutes les Bergeres du Pays, en réjoüiſſance du changement du cœur de la Princeſſe, celebrent par des danſes & des chanſons le pouuoir de l'Amour.

Pluſieurs Paſteurs déguiſez, pour celebrer entr'eux la Feſte de Bachus, viennent diſputer les loüanges que l'on donne à l'Amour : Ils ſe forment entre les vns & les autres vn agreable combat, qui ſe termine par l'vnion des deux partis, ſans le pouuoir commun de l'Amour, & de Bachus.

SILVIE

SILVIE.

ICy l'ombre des ormeaux
Donne vn teint frais aux herbettes,
Et les bords de ces Ruiſſeaux
Brillent de mille fleurettes
Qui ſe mirent dans les eaux.
Prenez, Bergers, vos muſettes
Ajuſtez vos chalumeaux,
Et meſlons nos chanſonnettes
Aux chants des petits oyſeaux.

Le Zephire entre ces eaux
Fait mille courſe ſecretes,
Et les Roßignols nouueaux
De leurs douces amourettes
Parlent aux tendres rameaux.
Prenez, Bergers, vos muſettes,
Ajuſtez vos chalumeaux,
Et meſlons nos chanſonnettes
Aux chants des petits oyſeaux.

Pluſieurs Bergers & Bergeres galantes * mélent auſſi leurs pas à tout cecy, & occupent les yeux tandis que la Muſique occupe les oreilles.

* *Berge[rs]* Chicann[eau] S. André [...]ierre, [...] *Bergere[s]* Bonard, [...]nald, No[...] Foignart.

CLIMENE.

Ah! qu'il eſt doux, belle Siluie,
Ah! qu'il eſt doux de s'enflammer;

Il faut retrancher de la vie
Ce qu'on en passe sans aymer.

SILVIE.

Ah! les beaux jours qu'Amour nous donne
Lors que sa flame vnit les cœurs;
Est-il ny gloire ny Couronne
Qui vaille ses moindres douceurs?

TIRCIS.

Qu'avec peu de raison on se plaint d'vn martire
Que suiuent de si doux plaisirs.

PHILENE.

Vn moment de bon-heur dans l'amoureux Empire
Repare dix ans de soûpirs.

TOVS ENSEMBLE.

Chantons tous de l'Amour le pouuoir adorable,
Chantons tous dans ces lieux
Ses attraits glorieux;
Il est le plus aymable,
Et le plus grand des Dieux.

A ces mots toute la troupe de Bachus arriue, & l'vn d'eux s'auançant à la teste * chante fierement ces paroles.

* d'Estiual.

Arrestez, c'est trop entreprendre,
Vn autre Dieu dont nous suiuons les loix
S'oppose à cét honneur qu'à l'Amour osent rendre
Vos Musettes & vos voix:

A des titres si beaux, Bachus seul peut pretendre,
Et nous sommes icy pour défendre ses droits.

Chœur de Bachus.

Nous suiuons de Bachus le pouuoir adorable,
Nous suiuons en tous lieux
Ses attraits glorieux,
Il est le plus aymable,
Et le plus grand des Dieux.

Plusieurs du party de Bachus meslent aussi leurs pas à la Musique, * & l'on void icy un combat de dançeurs contre dançeurs, & de chantres contre chantres.

* *Suiuans de Bachus dançant.* Beauchamp, Mayeu, Chaueau Lestang. *Bachantes.* Paysan, Mançeau, Ioubert, & Pesan.

SILVIE.

C'est le Printemps qui rend l'ame
A nos champs semez de fleurs ;
Mais c'est l'Amour & sa flame
Qui font reuiure nos cœurs.

Vn suivant de Bachus. *

* Gingan.

Le Soleil chasse les ombres
Dont le Ciel est obscurcy,
Et des ames les plus sombres
Bachus chasse le soucy.

Chœur de Bachus.

Bachus est reueré sur la terre & sur l'onde,

Chœur de l'Amour.

Et l'Amour est vn Dieu qu'on adore en tous lieux.

Chœur de Bachus.

Bachus à ſon pouuoir a ſoûmis tout le monde.

Chœur de l'Amour.

Et l'Amour a dompté les Hommes & les Dieu

Chœur de Bachus.

Rien peut-il égaler ſa douceur ſans ſeconde?

Chœur de l'Amour.

Rien peut-il égaler ſes charmes precieux?

Chœur de Bachus.

Fy de l'Amour & de ſes feux.

Le party de l'Amour.

Ah! quel plaiſir d'aymer.

Le party de Bachus.

Ah! quel plaiſir de boire.

Le party de l'Amour.

A qui vit ſans amour, la vie eſt ſans appas.

Le party de Bachus.

C'eſt mourir que de viure, & de ne boire pas.

Le party de l'Amour.

Aymables fers,

Le party de Bachus.

Douce victoire.

Le party de l'Amour.

Ah! quel plaiſir d'aymer.

Le party de Bachus.

Ah! quel plaiſir de boire.

Les deux partis.

Non non c'eſt vn abus,

Le plus grand Dieu de tous.

Le party de l'Amour.

C'est l'Amour.

Le party de Bachus.

C'est Bachus.

Vn berger se jette au milieu de cette dispute * & chante ces Vers aux deux partis. * Le Gros.

C'est trop, c'est trop, Bergers, hé pourquoy ces debats?
Souffrons qu'en vn party la raison nous assemble,
L'Amour a des douceurs, Bachus a des appas,
Ce sont deux Dëitez qui sont fort bien ensemble,
Ne les separons pas.

Les deux Chœurs ensemble.

Meslons donc leurs douceurs aymables,
Meslons nos voix dans ces lieux agreables,
Et faisons repeter aux Echos d'alentour
Qu'il n'est rien de plus doux que Bachus & l'Amour.

FIN.

www.ingramcontent.com/pod-product-compliance
Lightning Source LLC
LaVergne TN
LVHW020455230826
846091LV00008BA/3215

* 9 7 8 2 0 1 2 1 9 9 0 3 3 *